du CE2 au CM1

W0339403

Le labyrinthe des dragons

Christophe Lambert
écrivain

Anne Popet
enseignante

illustré par
Philippe Bucamp

Nathan

Présentation

- **Je lis un récit fantastique entrecoupé d'exercices de :** français, maths, histoire, géo, sciences...

- **Je résous des exercices** qui permettent de reconstituer l'histoire.

- **Je vérifie ma réponse**
  - elle est juste → j'accède à la suite de l'histoire ;
  - elle est fausse → le corrigé me guide pour refaire l'exercice.

- **Je consulte le mémo en fin d'ouvrage** il m'explique la notion abordée dans l'exercice.

- **Je regarde la table des matières (p. 80)** pour connaître tous les points du programme abordés dans les exercices.

- **Je note les indices sur la dernière page (p. 95)** un par chapitre, ils prouvent que l'enquête avance et que l'histoire est bien comprise.

Édition : Anne-Sophie Cayrey
Corrections : Gérard Tassi
Maquette couverture et intérieure : Thierry Méléard
Composition : Compo 2000
©Nathan 2005 - ISBN : 2 09 184417-9

Le défi

La grande hache se taillait un chemin à travers les buissons et les branches basses. L'homme qui la tenait était un géant barbu, haut de deux mètres, et qui paraissait doté d'une force prodigieuse. Il portait une armure de cuir bouilli, avec des plaques en fer sur le devant, ainsi qu'un casque fendu par de nombreux coups d'épée. Derrière lui venait un petit personnage, un nain vêtu d'une tunique de voyage toute simple, avec une cape en toile épaisse. Il avait le regard vif et observait les alentours, attentif au moindre bruissement de feuillages.

– Courage, mon ami, dit le colosse. On arrive !

Il écarta un rideau de lianes. Les deux compagnons débouchèrent dans une clairière et tombèrent en arrêt devant un spectacle sensationnel.

Que vont-ils découvrir ?

Réponds vite à la question et tu découvriras la suite de l'aventure.

Le géant mesure plus de 2 m. En réalité, il est encore plus grand puisqu'il mesure 236 cm ! Si la différence de taille entre le géant et son compagnon est de 143 cm, quelle est la taille du petit personnage ?

Si ta réponse est 93 cm. → LIS LE N° 5.
Si tu as trouvé un autre nombre. → LIS LE N° 7.

mémo 13

2

Si tu relis mieux le texte, tu comprendras que personne n'a encore trouvé le trésor à ce jour. Les verbes ne peuvent donc pas être au passé composé.
→ Refais l'exercice du n° 3.

3

Aucun aventurier n'avait triomphé du Labyrinthe des dragons jusqu'à ce jour.

Personne n'était parvenu à comprendre le sens de la mystérieuse inscription gravée à l'entrée du temple : *« Trouvera le trésor, celui qui réunira au banquet du dieu Dragon les quatre prisonniers sans mémoire et prononcera la formule magique… »*

– Très simple, dit Torok. Des gens sont enfermés là-dedans. Des gens qui ont perdu la mémoire. Apparemment, ils sont quatre. On les délivre, on les invite à manger, ils retrouvent peu à peu ce qu'ils ont oublié et… ils nous indiquent l'emplacement de l'or !

Hastur secoua la tête :

– Je pense que c'est plus compliqué… Il doit y avoir un sens caché derrière tout ça. *« Les quatre prisonniers sans mémoire »*, qu'est-ce que cela peut bien signifier ?

– Oh, toi, tu compliques toujours tout, conclut le géant avec un haussement d'épaules.

Et d'un violent coup de hache, il fendit en deux la porte du temple.

– Allez, viens ! Entrons !

Qu'est-ce qui attend nos héros ?

Pour vite le savoir, coche la bonne réponse.
À quel temps sont les verbes soulignés, dans le texte que tu viens de lire ?

☐ Présent ☒ Futur ☐ Passé composé

Si tu as coché « présent » ➨ LIS LE N° 4.
Si tu as coché « futur ». ➨ LIS LE N° 6.
Si tu as coché « passé composé ». ➨ LIS LE N° 2.

mémo 8

4

Tu t'es trompé(e). As-tu vraiment fait attention à la terminaison des verbes ? Relis la mystérieuse inscription. → Refais l'exercice du n° 3.

5

Là, se dressait un temple majestueux, la façade à moitié mangée par la végétation. Des peintures représentant des batailles entre guerriers et monstres effrayants ornaient son fronton*. Les créatures avaient de grandes ailes et des langues de flamme sortaient de leur mâchoire.

* **Fronton** (n.m.) : élément qui constitue le haut d'une construction.

– C'est le temple qui abrite le fameux Labyrinthe des dragons… souffla le géant. Voilà un défi à notre mesure !

Ainsi parlait le chevalier Torok (le Barbu à la hache) à son écuyer Hastur (le Petit Homme). Depuis quelques années, les deux amis s'étaient spécialisés dans l'exploration de tout ce qui pouvait contenir un trésor ! Grâce à la force du premier et à la débrouillardise du second, ils s'en étaient sortis vivants à chaque fois… et parfois riches ! Malheureusement, Torok dépensait tout cet argent dans les meilleures auberges du royaume. Aussi, leurs économies ayant fondu comme neige au soleil, le moment était venu pour eux de se lancer dans de nouvelles aventures…

Que leur réservent ces nouvelles aventures ?

Pour le découvrir, dis pourquoi Torok et Hastur se lancent dans de nouvelles aventures...

- Par curiosité
- Par besoin d'argent
- Pour le plaisir de se battre

Écris la réponse qui convient.

Besoin d'argent

C'est ton PREMIER INDICE. N'oublie pas de le noter sur ta page-indices (p. 95). Maintenant, → LIS LE N° 3.

6

Tu as tout à fait raison, ces verbes sont au futur : ils indiquent que le trésor est encore à trouver. À présent, nos amis s'apprêtent à pénétrer dans le temple. Pour les suivre dans leur nouvelle aventure,

→ *lis vite le chapitre suivant !*

7

Attention, n'oublie pas que tu connais :

– la différence de taille entre le géant et le petit personnage, soit 143 cm,

– la taille du géant, soit 236 cm.

→ *Refais l'exercice du n° 1.*

Premières épreuves…

1

Après avoir franchi le seuil du temple, les deux amis pénètrèrent dans un grand hall en marbre. Une porte donnait sur un escalier étroit qui descendait jusqu'à un tunnel assez sombre. Deux torches enflammées étaient accrochées aux murs, au début du passage. Hastur prit la première. Maintenant, nos héros avaient une torche pour éclairer leur chemin. La lumière tremblotante repoussait l'obscurité…

Des gouttes d'eau suintaient du plafond, tombaient en faisant plic-ploc… plic-ploc… L'ambiance était sinistre et rappelait l'intérieur d'un tombeau.

– Le sol est en pente, nota Hastur. Cela signifie sans doute que nous nous enfonçons sous la terre…

– J'ai faim ! dit Torok en bâillant.

Où le tunnel va-t-il mener nos héros ?

Pour le savoir, relis le texte et réponds aux questions par O (oui) ou par N (non).

Le hall est-il grand ? O

L'escalier est-il large ? N

Le passage est-il bien éclairé ? N

Le plafond est-il humide ? O

Le lieu est-il accueillant ? N

Le sol est-il plat ? N

Si tu as écrit : O – N – N – O – N – N. → LIS LE N° 4.

Si tu as écrit d'autres réponses. → LIS LE N° 6.

mémo 5

2

Bravo ! Et souviens-toi de la technique de nos deux amis pour ne pas se perdre, elle pourra t'être utile un jour ou l'autre ! Où leurs pas vont-ils mener nos héros… → *Va vite découvrir le chapitre suivant !*

3

Bravo ! s'exclama Torok, une fois que son complice fut parvenu sain et sauf de l'autre côté de la salle. Le géant prit son élan et sauta d'un pied sur l'autre. Malheureusement, il était beaucoup moins agile que le Petit Homme. À l'avant-dernière étape, il trébucha, atterrit sur une mauvaise case et sentit le sol se dérober.

– Au secours ! cria-t-il.

Torok se raccrocha de justesse au bord du trou. Ses pieds battaient dans le vide.

– Je vais tomber ! hurla-t-il.

– Attends, je t'envoie une corde ! fit Hastur. Son ami attrapa la corde.

– Je l'ai !

Après bien des efforts, le géant réussit à se hisser hors du précipice. Des gouttelettes de sueur perlaient de sa barbe.

– J'ai eu chaud, souffla-t-il. Et je te dois une fière chandelle, mon ami.

– Bah ! rétorqua celui-ci, mon petit doigt me dit que tu auras tout le loisir de me sauver la vie avant la fin de cette aventure !

Nos héros sont-ils au bout de leur peine ?

Tu le sauras si tu réponds à la question suivante.

Torok échappe au danger grâce à :

- Son agilité
- Son compagnon
- Son intelligence

Écris ta réponse.

Son Compagnon

C'est ton DEUXIÈME INDICE. Note-le sur ta page-indices (p. 95). Maintenant, → **LIS LE N° 5.**

4

Après plusieurs détours, ils arrivèrent dans une grande pièce dont le sol était quadrillé de dalles. Des nombres étaient inscrits sur ces dalles et une phrase avait été gravée sur une plaque de marbre : *« Si tu ne veux pas tomber dans une trappe, toujours plus haut tu dois monter. »*

– Qu'est-ce que c'est que ce charabia ? grogna Torok. On doit passer par le plafond ? Sauter par-dessus les dalles ?

– Je pense qu'il faut marcher sur les dalles, dit Hastur, mais en prenant garde de poser son pied sur un nombre supérieur au précédent : *« toujours plus haut »*, si tu préfères…

Torok et Hastur vont-ils réussir à passer ?

Tu le découvriras si tu classes dans l'ordre croissant (du plus petit au plus grand) les chiffres qui sont inscrits sur les dalles :

4 328 ; 4 798 ; 4 361 ; 4 584 ; 4 852 ; 4 299 ; 4 350 ; 4 724.

4299 < 4328 < 4350 < 4361 < 4584 < 4724 < 4798 < 4852

Pour savoir si tu as réussi l'exercice.

➡ Lis le n° 7.

mémo II

5

Les deux amis reprirent leur exploration à

pas prudents et franchirent plusieurs croisements. Ils choisissaient toujours la même direction : à gauche.

– Ce n'est pas pour rien qu'on appelle cet endroit le LABYRINTHE des dragons, grinça Hastur, après une heure de marche.

– Pour l'instant, il n'y a pas beaucoup de dragons, grommela Torok. Et j'ai toujours aussi faim… Huuum… Un bon ragoût de dragons, fit le colosse* d'un air rêveur…

Son ventre émit un gargouillis sonore.

Torok va-t-il enfin être rassasié ?

Pour le découvrir, observe le quadrillage.
On se déplace sur les lignes, en faisant des pas de nœud en nœud. Nos amis partent du nœud D, qui est codé [8, **1**].
Trace leur chemin selon le codage ci-dessous. Chaque chiffre indique le nombre de pas et les flèches, les directions empruntées (↑ : en avant ; ← : à gauche) :

1← ; 2↑ ; 2← ; 1↑ ; 1← ; 3 ↑ ; 2← ; 1↑.

* **Colosse** (n. m.) : homme ou animal d'une haute taille et d'une grande force apparente.

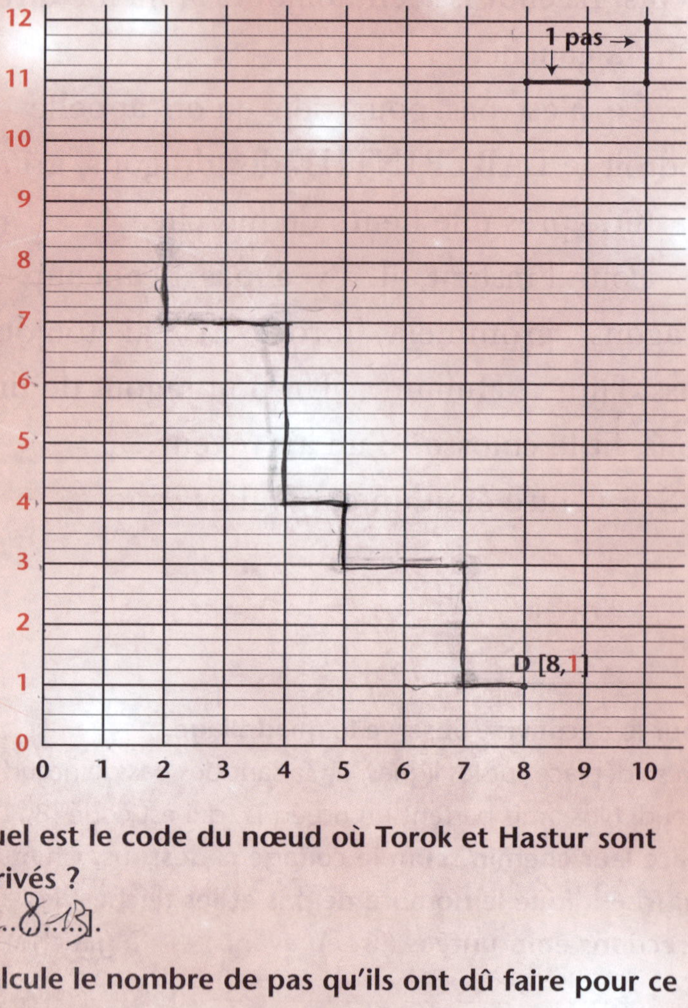

Quel est le code du nœud où Torok et Hastur sont arrivés ?

[2..8..13].

Calcule le nombre de pas qu'ils ont dû faire pour ce déplacement.

....

Si tu as répondu : [2,8] – 13 ➡ **LIS LE N° 2.**

Si tu as répondu autre chose ➡ **LIS LE N° 8.**

mémo 20

6

Tu t'es trompé(e). As-tu fait suffisamment attention aux mots qui te permettent de te faire une image plus précise des lieux ? Par exemple, « sombre » et « en pente » sont des mots qui décrivent l'intérieur du temple. → Refais l'exercice du n° 1.

7

Tu devais ranger les nombres de la façon suivante : 4 299 < 4 328 < 4 350 < 4 361 < 4 584 < 4 724 < 4 798 < 4 852. Pour ne pas te tromper, il fallait être attentif aux chiffres des centaines et aux chiffres des dizaines. → Lis le n° 3.

8

Attention, tu dois être très attentif(ve) au nombre de pas indiqués (1 ou 2) et aux directions suivies selon seulement deux possibilités (↑ : en avant ; ← : à gauche). → Refais l'exercice du n° 5.

Les hommes-lézards

1

Hastur et Torok parvinrent dans une nouvelle salle, où l'eau arrivait à la hauteur des mollets (enfin, des cuisses, pour ce qui concernait Hastur). On aurait dit un marécage. Chaque nouveau pas produisait un « slurp » répugnant. Des bulles éclataient en dégageant une odeur infecte.

– Beurk ! marmonna le Petit Homme.

On entendit une sorte de gargouillement.

– Arrête avec ton ventre, soupira Hastur.

– Cette fois, ce n'est pas moi, protesta Torok.

Les deux compagnons se retournèrent et virent une centaine de créatures à la silhouette humaine mais dont la peau était verte et écailleuse. Leurs yeux globuleux fixaient nos

amis d'un air mauvais. Ils brandissaient des massues et des sabres à lame recourbée.

– Des hommes-lézards ! laissa échapper Hastur, sur un ton dégoûté.

– On se les partage ? s'enquit le géant, l'œil brillant d'excitation.

– Heu, tu es bien plus fort que moi, Torok… Je te propose d'en prendre dix et toi, tu en prends dix fois plus, d'accord ? proposa malicieusement Hastur.

– J'accepte ! répondit le barbu avec enthousiasme.

Nos héros vont-ils sortir victorieux de ce combat ?

Tu le sauras si, sans poser la multiplication, tu trouves combien Torok combattra d'hommes-lézards.
Hastur propose de se charger de 10 hommes-lézards en demandant à Torok d'en combattre 10 fois plus.

Puis calcule les produits suivants :

$$\begin{array}{r} 237 \\ \times\ 6 \\ \hline \end{array} \qquad \begin{array}{r} 549 \\ \times\ 6 \\ \hline \end{array}$$

Si tu as trouvé 100 ; 1 282 ; 3 044 ou d'autres résultats.
➡ LIS LE N° 4.
Si tu as trouvé 100 ; 1 422 ; 3 294. ➡ LIS LE N° 3.

mémo 14

2

Bravo ! C'est un ovipare. Chez certains animaux, comme les oiseaux, les petits naissent à partir d'un œuf qui a été pondu. Ces animaux sont appelés des ovipares. À présent, il est temps de sui-

vre Hastur et Torok à travers le mystérieux labyrinthe…

→ *Lis le chapitre suivant.*

3

Les hommes-lézards chargèrent en hurlant, pareils à une meute de loups affamés. Torok se jeta à leur rencontre en faisant de grands moulinets avec sa hache. Ses ennemis ne s'attendaient pas à une pareille réaction. Il en tua dix d'un seul coup, puis six autres, paralysés par l'étonnement et encore six autres, qui essayaient de s'enfuir.

La tête du chef lézard vola dans les airs une seconde plus tard ! L'arme de Torok découpait les bras et les bustes avec une remarquable efficacité. Les hommes-lézards, coupés en deux, s'écroulaient les uns après les autres et l'on entendait deux « plouf » sinistres à chacune de ces chutes.

Hastur n'était pas très imposant physiquement, mais lui aussi savait se battre. Il faisait des prodiges avec son couteau de chasse. Lorsqu'il eut tué dix hommes-lézards, le dernier survivant préféra s'enfuir.

– Rattrape-le ! cria Hastur à son compagnon. Il peut nous être utile !

Torok atteignit la pauvre créature en deux enjambées, l'agrippa par le col et la souleva dans les airs. Le géant poussa un rugissement de triomphe. L'envie le démangeait d'utiliser sa hache mais Hastur l'arrêta de justesse :

– Non ! lui dit-il. Ne fais pas ça ! On doit pouvoir l'interroger !

Qui pourra leur être utile pour la suite de l'aventure ?

- Le Grand Barbu
- Le Petit Homme
- L'homme-lézard

Écris ta réponse.

L'homme lezar

C'est ton TROISIÈME INDICE. Recopie-le sur ta page-indices (p. 95). Maintenant, ➡ **LIS LE N° 5.**

4

Torok combat : 10 × 10 = 100 soit 100 hommes-lézards en tout. Pour les autres multiplications, as-tu pensé à la retenue ? Faisons la 1re multiplication ensemble :

4 237 × 6 2	2 4 237 × 6 22	2 4 237 × 6 1 422
$7 \times 6 = 42$ (pose 2, retiens 4)	$3 \times 6 = 18 + 4 = 22$ (pose 2, retiens 2)	$2 \times 6 = 12 + 2 = 14$ (pose 14)

Soit, pour la 1re multiplication, un produit final de 1 422. À présent, c'est à ton tour de faire la 2e multiplication. → *Refais l'exercice du n° 1.*

5

L'homme-lézard hocha vigoureusement la tête pour montrer qu'il était prêt à coopérer.

Hastur s'approcha et lui colla le tranchant de son couteau sur la gorge.

– Tu parles l'humain ? demanda-t-il. Dis-nous quelle est la formule magique.

La créature eut l'air de ne pas comprendre.

– Et les prisonniers ? Où sont-ils ?

– Quels prisonniers ?

– Ceux de la légende : *« Trouvera le trésor, celui qui réunira au banquet du dieu Dragon les quatre prisonniers sans mémoire et prononcera la formule magique... »*. Arrête de nous prendre pour des idiots et dis-nous où ils sont enfermés !

– Pas de prisonniers ici, hoqueta l'homme-lézard. Moi et ma tribu garder œufs du sublime reptile, c'est tout.

– Des œufs ? intervint Torok, la salive aux lèvres. Une omelette ! Parle : où sont cachés ces œufs ? lui dit-il en le secouant.

– Torok, grogna Hastur, est-ce vraiment le moment de penser à manger une omelette ? N'y a-t-il pas d'autres renseignements que l'on pourrait tirer de cette face de crapaud ?

– Non, s'entêta le géant. Les œufs d'abord : j'ai trop faim ! Où se trouve le nid ?

– Euh… moi vous y conduire, balbutia la créature aux yeux globuleux.

Torok lâcha l'homme-lézard, qui entreprit de les guider à travers la suite du labyrinthe.

Où l'homme-lézard va-t-il emmener nos héros ?

Pour le savoir, entoure la bonne réponse.
À ton avis, le dragon est un animal…

1. vivipare
2. ovipare

Si tu as entouré 1. → LIS LE N° 6.
Si tu as entouré 2. → LIS LE N° 2.

6

Tu t'es trompé(e). Chez les vivipares, comme chez les mammifères, les petits sortent du ventre de leur mère. Les bébés dragons sortent d'un œuf, les dragons sont donc ovipares.

À présent, il est temps de suivre Hastur et Torok. Penses-tu qu'ils vont sortir de ce mystérieux labyrinthe ? → Lis vite le chapitre suivant !

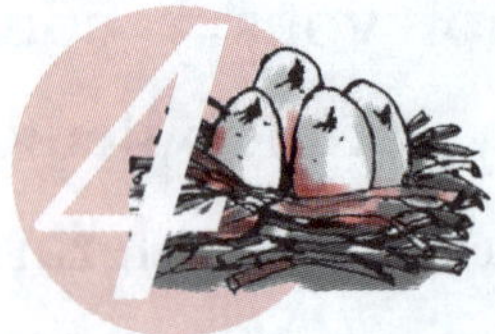

Le nid sacré

1

Le prisonnier ouvrait la marche, un mètre à peine devant les deux aventuriers. Hastur boudait, avec le sentiment qu'ils perdaient leur temps. Il nota que le sol était en pente. Sans aucun doute s'enfonçaient-ils dans les entrailles de la terre.

Torok, de son côté, se léchait les babines. Des images d'œufs dansaient dans sa tête en une farandole effrénée* : des œufs au plat, des œufs à la coque et des omelettes baveuses tournoyaient à lui en donner le vertige.

Le trio arriva enfin devant une lourde porte en métal forgé.

* **Effréné** (adj.) : qui est sans retenue, sans mesure.

– C'est ici, annonça l'homme-lézard. Nid se trouver derrière porte.

La serrure était reliée à une balance par un système de poulies et d'engrenages complexe. Des sacs remplis de sable reposaient de part et d'autre de l'appareillage.

– Qu'est-ce que ça veut dire ? gronda Torok.

Le prisonnier s'éclaircit la voix :

– Heu, pour ouvrir mécanisme de serrure, il faut poser sur plateau un kilo tout rond. Ni plus, ni moins. Si erreur, scie circulaire jaillir du mur et découper nous en rondelles…

Tout en parlant, il indiquait de son menton

les sacs. Chacun d'eux portait une inscription avec sa masse. Ils étaient au nombre de quatre : 750 grammes ; 500 grammes ; 250 grammes et 700 grammes.

– Eh bien ! montre-nous comment faire, siffla Hastur, menaçant.

– C'est que… moi pas savoir compter, avoua l'homme-lézard.

Hastur soupira et se pencha sur les sacs. Il en choisit certains, les posa sur le plateau de la balance et attendit.

Hastur saura-t-il quels sacs poser sur le plateau de la balance ?

Pour le découvrir, fais le calcul.

Combien de sacs faut-il pour obtenir un kilo ?

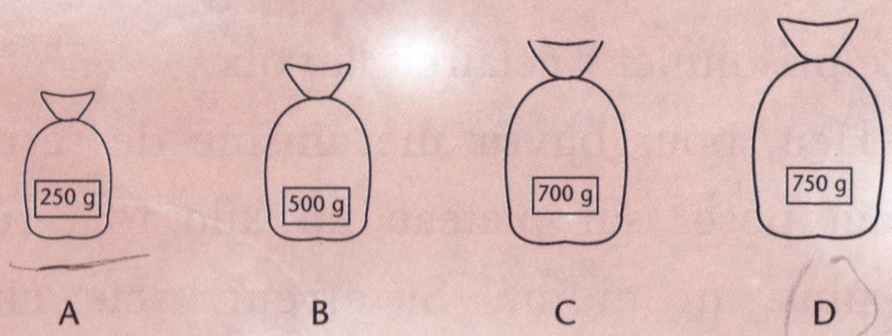

Si tu as répondu : A – C ➡ LIS LE N° 6.

Si tu as répondu : A – D ➡ LIS LE N° 5.

Si tu as répondu autre chose. ➡ LIS LE N° 3.

mémo 17

2

Bravo ! Tu as tout à fait raison. Au-dessous de 0 °C, l'eau se solidifie : la solidification de l'eau donne de la glace. À 100 °C, l'eau bout puis s'évapore : ébullition et évaporation donnent de la vapeur d'eau. Mais sais-tu qu'au-dessus de 0 °C, la glace fond et se transforme en eau ? C'est ce qu'on appelle la fusion de l'eau. → *Maintenant, lis le n° 7.*

3

Réfléchis et rappelle-toi que 1 kg = 1 000 g.
→ *Refais l'exercice du n° 1.*

4

Ce n'était pas difficile. Au-dessous de 0 °C, l'eau se solidifie : la solidification de l'eau donne de la glace. À 100 °C, l'eau bout puis s'évapore : ébullition et évaporation donnent de la vapeur d'eau.
→ *Maintenant, lis le n° 7.*

5

La porte s'ouvrit petit à petit en grinçant.

– Bravo Hastur ! C'est la bonne masse !

Les deux hommes et leur prisonnier pénétrèrent dans une pièce circulaire. Au centre, sur un amas* de paille, de brindilles et de branches se trouvaient… quatre œufs de belle taille !

– Le nid ! souffla le Petit Homme entre ses dents.

– Miam… fit Torok, la langue pendante.

Ils s'approchèrent. Chaque œuf était d'une

* **Amas** (n. m.) : accumulation de différentes choses en un même lieu.

couleur différente : bleu, marron, rouge et blanc.

– Œufs du dieu Dragon représenter les quatre éléments, expliqua l'homme-lézard. Le bleu, c'est l'eau ; le marron, la terre ; le rouge, le feu et le blanc, l'air.

Torok commençait déjà à rassembler les œufs en gloussant :

– Par ici la bonne omelette !

– Pas toucher, supplia l'homme-lézard. Bébés dragons vont bientôt naître… Eux, sacrés !

Hastur se figea. « Les bébés dragons… », songeait-il. Son esprit fonctionnait à toute vitesse.

À quoi pense Hastur ?

Tu le sauras si tu relies les mots ci-dessous, pour savoir ce que l'on obtient lors des différentes transformations de l'eau.

A. Solidification de l'eau • • 1. Vapeur d'eau
B. Ébullition et évaporation de l'eau • • 2. Glace

Si tu as répondu : A. 2. – B. 1. → LIS LE N° 2.
Si tu as répondu autre chose. → LIS LE N° 4.

6

Tu t'es trompé(e) ! Rappelle-toi que 1 kg = 1 000 g. → Refais l'exercice du n° 1.

7

Qu'est-ce qui t'arrive ? demanda Torok à son compagnon. On dirait que le ciel vient de s'abattre sur ta tête !

– Ça y ressemble, annonça crânement le Petit Homme. Je crois que j'ai compris *qui* sont *« les quatre prisonniers sans mémoire »* !

– Ah bon ?

– Et tu tiens la solution dans tes bras !

– Les œufs ?

– Ou plus exactement les bébés dragons qui sont à l'intérieur ! Ce sont les *« prisonniers »*, car leur coquille les empêche de sortir et ils sont *« sans mémoire »*, parce qu'ils ne sont pas encore nés ! Ils n'ont donc pas de souvenirs !

Torok devint tout pâle. Il déglutit :

– Et mon omelette ?

– N'y pense plus : nous devons prendre extrêmement soin de ces œufs !

L'homme-lézard parut soulagé. Torok, par contre, tremblait de rage contenue.

– Mais j'ai besoin de manger ! protesta-t-il. Notre combat m'a donné une faim de loup !

– Ne t'inquiète pas, sourit Hastur, habitué à ses jérémiades*. Tu mangeras bientôt. Souviens-toi, la seconde partie de l'inscription, à l'entrée du temple, parlait d'un banquet : *« Trouvera le trésor, celui qui réunira au* banquet *du dieu Dragon les quatre prisonniers sans*

*** Jérémiade (n. f.) : plainte sans fin qui importune.**

mémoire... » Qui dit « banquet » dit « nourriture », non ?

– D'accord, ronchonna le géant. Mais si, dans une heure, je n'ai toujours rien dans le ventre, ces œufs passeront à la casserole, trésor ou pas !

Torok venait de terminer sa phrase quand, soudain, les œufs se mirent à vibrer.

Que faire des œufs ?

- Les manger
- Les casser
- Les laisser éclore

Écris la bonne réponse.

les laisser éclore.

C'est ton QUATRIÈME INDICE. Recopie-le sur ta page-indices (p. 95). Maintenant, ➡ lis vite le chapitre suivant pour savoir si ces œufs contiennent bien les prisonniers sans mémoire....

Un « heureux » événement !

Des bruits de grattements, à peine étouffés, se firent entendre.

« Bon sang, songea Hastur. Ce grand nigaud a réchauffé les œufs en les serrant dans ses bras ! Ils vont éclore ! »

– Que dois-je faire ? gémit le barbu.

– Pose les œufs ! Pose-les vite !

Torok obéit. Au même moment, un premier œuf, puis un second, se fendillèrent. Une tête apparut, les écailles couvertes d'une matière gluante. L'animal avait de grands yeux ronds, un museau allongé, terminé par une langue de

serpent… et il était tout rouge, comme sa coquille d'origine ! Des ailes très fines, presque transparentes, se déployaient de part et d'autre de son corps. Ses deux pattes arrière, repliées, rappelaient celles d'un kangourou.

L'homme-lézard tomba à genoux devant le nouveau-né, en pleurant de joie :

– Dragon de feu ! Dragon de feu ! répétait-il.

En quelques secondes, le bébé reptile fut rejoint par les dragons de l'air (blanc), de la terre (marron) et de l'eau (bleu) ! Ils sautillaient sur place en poussant des piaillements exaspérants. Le pauvre Torok, consterné, ne savait plus où se mettre lorsque les quatre bestioles se regroupèrent autour de lui. Elles attrapaient ses jambes en criant :

– Maman ! Maman ! Maman !

Torok va-t-il réussir à calmer les bébés dragons ?

Avant de le découvrir, relie les mots suivants à leur nature grammaticale.

1. écailles •	• A. adjectif qualificatif
2. yeux •	
3. ronds •	
4. museau •	• B. nom
5. ailes •	
6. transparentes •	
7. se déployaient •	• C. verbe

Si tu as relié 1. B. – 2. B. – 3. A – 4. B. – 5. B. – 6. A – 7. C. ➡ LIS LE N° 4.

Si tu as répondu autrement. ➡ LIS LE N° 3.

mémo 3→5

2

L'homme-lézard prit un air résolu :

– Je vous conduire, commença-t-il, si vous

promettre pas faire mal à enfants de dieu Dragon. Enfants du dragon, précieux. Pas les tuer. Pas les manger.

Tout en parlant, il jetait un regard oblique à Torok. Un regard accusateur.

– C'est bon, trancha Hastur. Nous promettons. On ne leur fera pas de mal. On compte même les inviter à un banquet. On leur donnera à manger : miam-miam ! Voilà, tu es content ?

– Bon, alors qu'est-ce qu'on attend ? s'impatienta le géant à la hache.

Ils repartirent donc, guidés par leur prisonnier méfiant.

Où le prisonnier va-t-il mener nos amis ?

Pour le savoir, écris le nom de celui des deux compagnons que l'homme-lézard redoute le plus.

TOROK.

C'est ton CINQUIÈME INDICE. Note-le sur ta page-indices (p. 95). Pour savoir où l'homme-lézard va guider nos amis, ➡ Lis le chapitre suivant !

3

Ici, les noms désignent certaines parties de la tête et du corps (« yeux ; museau ; écailles ; ailes ») et les adjectifs précisent comment sont certaines de ces parties (« ronds ; transparentes »). Quant au verbe, il exprime ici une action (« se déployer »). Tu devais répondre : 1. B. – 2. B. – 3. A – 4. B. – 5. B. – 6. A – 7. C. → Lis le n° 4.

4

Torok ouvrit un grand sac en toile de jute et jeta les quatre bestioles à l'intérieur.

– Taisez-vous un peu, nom d'un troll ! Vous me cassez les oreilles !

– Maman ! Maman ! Mam…

Il referma le sac en faisant un nœud avec une cordelette, puis déclara :

– Ouf ! Ça fait du bien quand ça s'arrête !

Hastur se tourna vers l'homme-lézard qui était encore à genoux, les yeux remplis de larmes, comme s'il venait d'avoir eu une révélation.

– Y a-t-il une salle de banquet, dans ce labyrinthe ? questionna le Petit Homme.

– Banquet ? Qu'est-ce que c'est ?

– Manger, enchaîna Torok, soudain très motivé. Un endroit où l'on pourrait se procurer de la nourriture.

– Ah, nourriture… Oui, aller à salle des offrandes. Nous offrir beaucoup de nourriture à dieu Dragon là-bas !

– Hum… je vois, réfléchit Hastur à voix haute. Ces créatures primitives font des offrandes à leur dieu en échange de sa protection…

– Allons-y ! ordonna le géant, entre deux bruits d'estomac.

Quelles surprises leur réserve la salle des offrandes…

Pour le savoir, barre l'intrus qui s'est glissé dans chaque famille de mots suivante :

1 offre	1 pris	1 hache
2 offrir	2 prison	2 hochet
3 offense	3 printanier	3 haché
4 offrande	4 prisonnier	4 hachoir

Si tu as barré 3 – 3 – 2 ➡ LIS LE N° 2.
Si tu as barré autre chose. ➡ LIS LE N° 5.

mémo 9

5

*Sois très attentif(ve) : certains mots, tout en ressemblant à d'autres, ne sont pas de la même famille. Ainsi, le mot « offense » n'est pas de la même famille que les mots « **off**re ; **off**rir ; **off**rande ». → Refais l'exercice du n° 4.*

La rivière sans retour

1

Les amis et leur prisonnier marchèrent longtemps sans parler. Des cris et des grognements de toutes sortes provenaient du sac porté par Torok. Ce dernier sentait les bébés dragons qui crachaient, griffaient…

– Ils ont l'air de drôlement se bagarrer, <u>tes</u> « enfants » ! nota Hastur, moqueur. Tu crois qu'ils ont faim ?

– Sûrement pas autant que moi, soupira le barbu.

L'homme-lézard se racla la gorge.

– Eux pas faim, dit-il, comme s'il expliquait une évidence à des garçonnets un peu attar

Eux, frères ennemis, d'après légende. Tout le monde sait ça !

– Excuse-nous de ne pas connaître par cœur les légendes de ton peuple, railla Torok.

– Dragon de feu s'oppose à dragon de l'eau, poursuivit-il, et dragon de l'air s'oppose à dragon de terre. Logique. Chaque dragon a son contraire.

– Enfin, ils ne vont pas s'entre-tuer quand même ? s'enquit Hastur.

– Non. Eux trop petits. Leurs crocs et leurs griffes pas encore poussés, et pas encore de feu dans l'estomac.

– Tant mieux ! C'est qu'on s'y attache, à ces petits monstres, hein Torok ?

Où nos héros vont-ils déboucher ?

Avant de le découvrir, lis les mots soulignés dans le texte.
Selon toi, ce sont des... (entoure la bonne réponse)

1. Articles indéfinis
2. Adjectifs démonstratifs
3. Adjectifs possessifs

Si tu as entouré 1. ➡ LIS LE N° 6.
Si tu as entouré 2. ➡ LIS LE N° 6.
Si tu as entouré 3. ➡ LIS LE N° 4.

mémo 5

2

Il n'y avait, bien sûr, qu'une seule solution :

3e traversée *: H et T (Hastur fait un aller avec Torok pour gagner l'autre côté de la rivière) ;*

4e traversée *: H et P (Hastur ne peut laisser Torok et le prisonnier seuls. Il rejoint la rive de départ avec le prisonnier) ;*

5e traversée *: H et S (Hastur ne peut laisser le sac et le prisonnier seuls. Il fait une traversée avec le sac pour déposer le sac de l'autre côté de la rivière) ;*

6e traversée *: H (Hastur revient chercher le prisonnier) ;*

7e traversée *: H et P (Hastur traverse la rivière avec le prisonnier).*

Et maintenant, ils sont enfin tous arrivés de l'autre côté de la rivière ! → *Lis le n° 10.*

3

Bravo ! Les stalactites « descendent » du plafond et les stalagmites « montent » du sol.

→ *Lis le n° 5.*

4

Le trio arriva bientôt dans une sorte de grotte voûtée, garnie de stalagmites et de stalactites. Telles qu'on les voyait, ces « dents de pierre » évoquaient la mâchoire d'un dragon géant. Une rivière souterraine coupait la route des aventuriers. Ses flots étaient très agités. Une barque reposait sur la rive. Malheureusement, elle paraissait en mauvais état.

– Tu sais manœuvrer une barque, toi ? demanda Torok à son complice.

– Oui, affirma celui-ci, mais je n'ai guère confiance en ce vieux tas de planches… Je vais essayer de passer à la nage.

– Tu es fou ! Tu vas te noyer ! !

– Pas si j'ai une corde enroulée autour de la taille. Si jamais tu vois que ça tourne mal, tu me ramènes ; d'accord ?

– D'accord.

Que va-t-il arriver au courageux Hastur ?

Avant de le découvrir, relie les mots soulignés dans le texte à leur définition.

Stalactite A.	•	•	1. Colonne rocheuse qui descend du plafond de la grotte
Stalagmite B.	•	•	2. Colonne rocheuse qui monte à partir du sol

Si tu as relié A. 1. – B. 2. ➡ Lis le n° 3.
Si tu as relié A. 2. – B. 1. ➡ Lis le n° 7.

mémo 9

5

Hastur passa la corde autour de son buste. Le géant se tourna vers l'homme-lézard :

– Quant à toi, n'essaie pas de nous fausser compagnie, sinon je me venge sur les petits braillards, dans le sac.

Prenant son courage à deux mains, Hastur fit

quelques pas dans l'eau et eut un frémissement :

– Brrrr… Elle est glacée…

Emporté par le courant, il progressait avec difficulté. Sa tête disparaissait, et ne réapparaissait que quelques secondes plus tard. Torok, mort d'inquiétude, crispait ses grosses mains sur la corde. Quant à l'homme-lézard, il contemplait ce spectacle avec une froide indifférence, assis sur une pierre.

Tout à coup, le nageur fut aspiré dans un tourbillon.

– Hastur ! rugit son compagnon.

Le géant tirait sur la corde de toutes ses forces… Torok sentait le cordage qui mordait l'intérieur de ses mains jusqu'au sang. Apercevant les deux compagnons en difficulté, l'homme-lézard décida d'en profiter pour s'enfuir. Il avait dans l'idée de s'emparer de la hache qui pendait dans le dos du barbu… Et il bondit ! Cependant le mouvement n'avait pas échappé à Torok. Ses mains étant prises, le géant expédia un violent coup de tête à l'homme-lézard. Sonné, il recula en chancelant, puis il tomba sur les fesses. Du sang vert jaillissait des deux fentes qui lui servaient de narines.

Pendant ce temps, Hastur était toujours sous l'eau, et menaçait de se noyer…

Hastur va-t-il sortir sain et sauf des flots ?

À ton avis, que signifie l'expression « fausser compagnie » ?

- Attaquer
- S'enfuir
- Tendre un piège

Écris la réponse qui convient.

S'enfuir.

C'est ton SIXIÈME INDICE. Note-le sur ta page-indices (p. 95). Maintenant, → **Lis le n° 9.**

6

Attention ! Les mots soulignés indiquent à qui appartient *ce qui est nommé après ces mots.*
→ *Refais l'exercice du n° 1.*

7

Il fallait relier A. 1. et B. 2. Dans les grottes, on trouve des stalactites (elles descendent) et des stalagmites (elles montent). L'une en face de l'autre, elles donnent l'impression de « dents de pierre » qui évoquent la mâchoire d'un dragon. → *Lis le n° 5.*

8

Bravo ! Tu as franchi tous les obstacles de ce chapitre ! Maintenant tu vas découvrir la salle la plus intéressante du Labyrinthe des dragons... Devines-tu où nos amis vont arriver ? → *Lis vite le chapitre suivant !*

9

Torok refusait de s'avouer vaincu. Dans un ultime effort, il fit contrepoids avec tout le reste de son corps, penché vers l'arrière. Hastur réapparut. Il crachait de l'eau, toussait, mais il était vivant. Torok redoubla d'efforts jusqu'à ce qu'il arrache complètement son ami au tourbillon.

Trente secondes plus tard, le Petit Homme retrouvait la rive avec un soulagement non dissimulé. Épuisé, il se laissa tomber par terre. Un peu plus loin, leur prisonnier retrouvait ses esprits et essuyait ses narines pleines de sang vert.

– Tu vois, hoqueta Hastur, je savais bien que tu aurais l'occasion de me sauver la vie avant la fin de cette aventure… Et maintenant, j'ai l'impression qu'il faut nous résoudre à utiliser cette barque, ajouta celui-ci. Pourvu qu'elle tienne le coup !

Hastur réfléchit. Il était le seul à pouvoir guider l'embarcation. Cette dernière semblait juste assez grande pour accueillir deux personnes, ou bien une personne et le sac contenant les bébés dragons.

« Hum, ça se complique, songea le Petit Homme. Je ne peux pas laisser Torok et notre prisonnier seuls sur le rivage : en cas de bagarre, Torok est bien capable d'écrabouiller l'homme-lézard… et nous serions bien avancés ! Mais je ne peux pas laisser le sac et le prisonnier ensemble : la sale créature en profiterait pour disparaître avec les bébés dragons ! »

Comment franchir la rivière ?

La barque ne peut transporter que deux personnes à la fois ou une personne et le sac contenant les bébés dragons. À chaque traversée, Hastur est dans la barque puisque c'est lui qui la dirige. Mais Hastur ne peut absolument pas laisser ensemble :
– le sac et le prisonnier ;
– Torok et le prisonnier.
Il faudra, en tout, 7 traversées pour que tous passent de l'autre côté de la rivière.
Indique qui se trouve dans la barque à chaque voyage en utilisant les initiales suivantes : H (Hastur) ; T (Torok) ; P (prisonnier) ; S (sac).
Attention ! L'un des personnages, en dehors d'Hastur, devra traverser trois fois la rivière pour ne pas rester seul avec les œufs…
Pour commencer, nous allons t'aider :
1re traversée (aller) : H et P (Hastur et le prisonnier arrivent de l'autre côté de la rivière).
2e traversée (retour) : H (Hastur retourne seul sur la rive de départ).
Continue :
3e traversée (aller) : .... ; 4e traversée (retour) : ....
5e traversée (aller) : .... ; 6e traversée (retour) : ....
7e traversée (aller) : ....
Si tu as écrit H et T – H et P – H et S – H – H et P.
➡ LIS LE N° 10.
Si tu as écrit autre chose. ➡ LIS LE N° 2.

mémo 15

10

À l'issue de la dernière traversée, l'eau s'infiltrait par tous les trous. La barque s'enfonça dans la rivière, à deux pas de la rive, en provoquant de nombreuses bulles et un fort remous.

– Comment allons-nous faire pour revenir ? se lamenta Torok.

– Nous verrons cela en temps voulu, dit Hastur.

Et il se tourna vers leur prisonnier :

– Alors, cette salle des offrandes, où est-elle ?

– Suivez-moi, répondit l'homme-lézard.

La créature entraîna les deux amis dans un étroit boyau. Cinq minutes plus tard, le trio déboucha dans une nouvelle salle : c'était le cœur du labyrinthe...

Quelles surprises leur réserve le cœur du labyrinthe ?

Il a fallu 45 minutes à Hastur, Torok et leur prisonnier pour gagner l'autre côté de la rivière en sept traversées. Ils ont mis ensuite 15 minutes pour parvenir au cœur du labyrinthe. S'il était 17 h 15 au début de leur première traversée, à quelle heure sont-ils arrivés au cœur du labyrinthe ?

Fais le calcul et écris ta réponse.

Si tu as trouvé 18 h 15. → LIS LE N° 8.

Si tu as trouvé un autre résultat. → LIS LE N° 11.

mémo 18

11

Réfléchis ! Tu connais l'heure de départ de nos amis et de leur prisonnier : 17 h 15 et tu dois calculer la durée de leur trajet : 45 minutes et 15 minutes. Refais à présent ton calcul sans oublier que 1 heure = 60 minutes. → Refais l'exercice du n° 10.

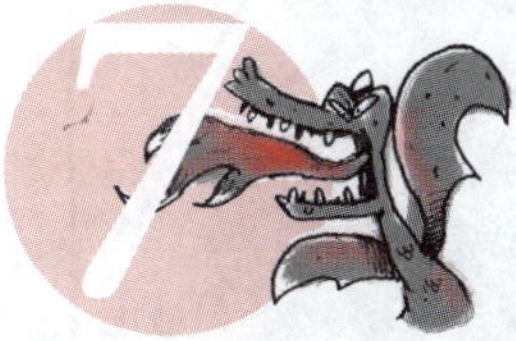

7

La colère du dieu Dragon

1

Au centre de la pièce, une table somptueuse avait été dressée. On y avait disposé des mets* divers et variés, tous succulents, qui allaient du cuissot de chevreuil au marcassin rôti, en passant par le gigot de cerf ou encore les brochettes d'ortolan ! Les yeux de Torok manquaient presque de lui sortir des orbites.

– C'est ici que tous peuples du souterrain venir offrir leurs cadeaux au dieu Dragon, expliqua l'homme-lézard.

* **Mets** (n. m. pl.) : aliments cuisinés, qui entrent dans le déroulement d'un repas.

– Y a bon ! dit Torok en déglutissant.

Il fit mine de s'avancer mais Hastur l'agrippa par la manche, méfiant.

– Attends un peu… Il y a peut-être un piège secret…

Le Petit Homme promena son regard alentour. Pas de trappes, pas de fléchettes empoisonnées dans les murs, pas de boules géantes prêtes à vous écraser…

– C'est bon ! Allons-y ! décida Hastur.

Torok arrivera-t-il enfin à se nourrir ?

Pour le savoir, réponds vite à la question !
Les ortolans sont des petits oiseaux. Pour le festin, ils ont été préparés et regroupés sur des brochettes. On compte 8 ortolans sur chaque brochette.

Combien de brochettes peut-on faire avec 80 ortolans ?

10 brochettes

Si tu as trouvé : 10. ➡ **Lis le n° 4.**
Si tu as trouvé un autre résultat. ➡ **Lis le n° 5.**

2

Torok vit son ami qui se faufilait entre les pattes du lézard géant, en manquant d'être écrasé dix fois.

– Hastur ! Fais attention, bon sang !

« Ce type est fou, songea Torok… Mais pas question de le laisser risquer sa vie tout seul ! »

Le Grand Barbu bondit à son tour, hache à la main.

– Eh ! ho ! Par ici ! cria-t-il à l'adresse du dragon. Viens donc affronter un adversaire à ta mesure !

Le monstre fit pivoter sa gueule vers lui. Ses pupilles rétrécirent : « Qui est donc cet insecte qui ose me défier ? » semblait dire son regard. La surprise laissa rapidement place à la fureur. Il ouvrit ses mâchoires pour laisser sortir un jet de flammes impressionnant. Au dernier moment, Torok se jeta sur le côté et sentit un courant d'air brûlant lui rôtir la nuque.

Le monstre ne s'occupant plus d'Hastur, celui-ci en profita : il courut, sauta sur l'aile gauche du dragon. L'aile remonta d'un seul coup, le projetant dans les airs. Il fit alors un

vol plané et rebondit sur le dos du reptile volant, entre deux bosses de la gigantesque crête. Il y avait là une multitude d'écailles où s'accrocher. Les doigts du Petit Homme agrippèrent l'une des plaques gris argent.

« Ne pas lâcher prise ! », se jura-t-il désespérément.

Le monstre remuait, secouant Hastur dans tous les sens. Mais celui-ci tenait bon.

Pendant ce temps, la situation de Torok empirait. Lui qui d'habitude paraissait si grand, ressemblait à un nain comparé à son ennemi. Les jets de flamme du dragon devenaient dangereusement précis. Les poils de sa barbe, qui faisaient la fierté du géant, avaient roussi, ainsi que ses sourcils. Il s'était recroquevillé dans un coin de la salle, dos au mur. Cette fois, il ne pouvait plus reculer.

« Adieu la vie ! Adieu Hastur, mon ami ! », songea-t-il en attendant la mort.

Il ferma les yeux, résigné…

Torok va-t-il se sortir des griffes du dieu Dragon ?

Lis les mots soulignés dans le texte, puis relie les personnages aux mots qui les désignent ci-dessous.

	• A. ami
1. Torok •	• B. Grand Barbu
	• C. il
2. Hastur •	• D. reptile volant
	• E. Petit Homme
3. Le dieu Dragon •	• F. ennemi

Si tu as répondu 1. B. – 2. A. – 2. C. – 2. E. – 3. D. – 3. F. ➡ **LIS LE N° 8.**

Si tu as répondu 1. B. – 1. C. – 2. A. – 2. E. – 3. D. – 3. F. ➡ **LIS LE N° 3.**

Si tu as répondu autrement. ➡ **LIS LE N° 6.**

3

Tu n'as fait qu'une seule erreur. Un dernier petit effort ! Relis le texte pour retrouver qui est le personnage désigné par « il ». → Refais l'exercice du n° 2.

4

Arrivé au centre de la pièce, Hastur poursuivit son inspection. Quatre sièges, en forme de socle, avaient été disposés de chaque côté de la table carrée. Une source lumineuse provenant du haut éclairait la salle. Notre héros leva la tête.

« J'avais raison, tout à l'heure, lorsque j'ai cru déceler que le sol était en pente, songea le Petit Homme. Ce labyrinthe s'enfonce bien dans les profondeurs de la terre… »

Une sorte de gros tunnel vertical montait pendant une trentaine de mètres jusqu'à la lumière du jour, très abrupt*, mais en y regardant de plus près, on pouvait y distinguer des bosses où s'accrocher.

– Torok, as-tu pris ton matériel d'escalade ?

– Oui…

– Parfait. Maintenant, au moins, nous savons comment sortir de ce labyrinthe.

Le géant poussa un gros soupir et en fut tout secoué.

* **Abrupt** (adj.) : dont la pente est quasi verticale, à pic.

– Tu es sûr qu'on ne peut pas goûter à ces délicieux plats avant de partir ?

– Non, Torok. Si j'ai bien compris, on les réserve au dieu Dragon et à ses quatre enfants ?

– Oui, acquiesça l'homme-lézard ! C'est ça !

Hastur prit un air pensif :

– « *Le banquet du dieu Dragon…* », dit-il en se remémorant la fameuse inscription.

Soudain, un battement d'ailes comme un souffle gigantesque se fit entendre. Cela provenait de la source lumineuse.

– Le voilà ! hurla le prisonnier, les bras au ciel. DIEU DRAGON ! DIEU DRAGON !

Une ombre immense tomba alors sur la salle.

À quoi le dieu Dragon ressemble-t-il ?

La table du festin est carrée et les quatre sièges qui l'entourent sont rectangulaires.

Après l'avoir observée, complète, avec une règle et un compas, la figure ci-dessous, selon l'axe de symétrie.

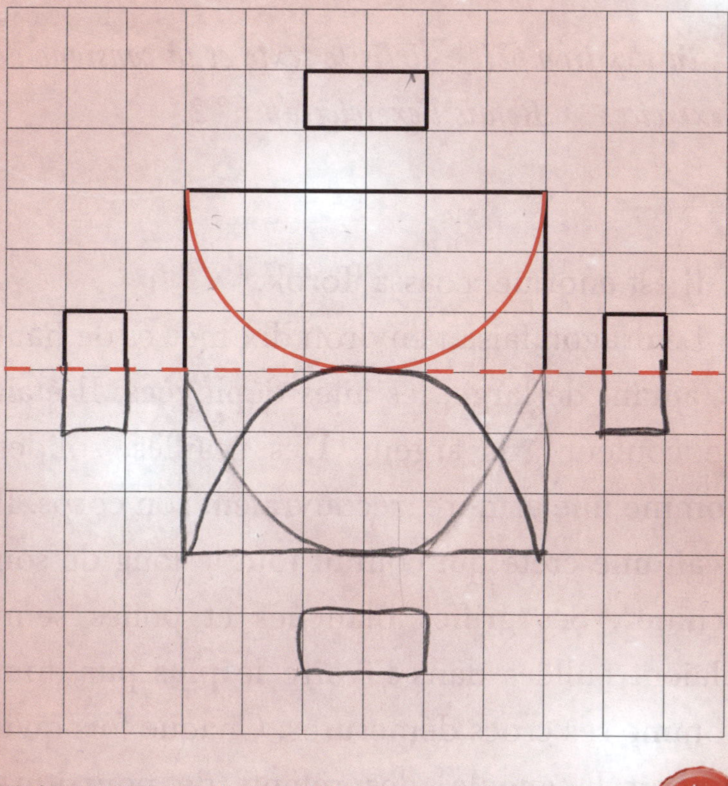

Maintenant, ➡ **Lis le n° 7.**

mémo 21

5

Tu t'es trompé(e). Il s'agit de partager 80 ortolans. Attention, il y a 8 ortolans par brochette. Pour t'aider tu peux dessiner les ortolans sur les brochettes.

→ Refais l'exercice du n° 1.

6

Tu t'es trompé(e). Relis le texte et la consigne de l'exercice. → Refais l'exercice du n° 2.

7

Il est énorme, coassa Torok.

Le dragon faisait environ dix mètres de haut et autant de large, les ailes déployées. Il était de couleur gris argent. Des écailles, solides comme une armure, recouvraient son corps. Il avait une crête qui courait tout le long de son échine*. Ses griffes blanches et polies semblaient taillées dans l'ivoire le plus pur, tout comme ses crocs démesurés. Chaque fois qu'il ouvrait la gueule, des relents de pourriture

* **Échine** (n. f.) : colonne vertébrale de l'homme et de certains animaux.

fouettaient le visage de ses adversaires, précédant de peu un jet de flammes.

Les deux aventuriers plongèrent sous la table du banquet.

À la vue du monstre, l'homme-lézard s'évanouit de bonheur. C'était la première fois qu'il contemplait son dieu « pour de vrai » !

Le dragon atterrit. De leur cachette, nos héros pouvaient voir ses pattes terrifiantes qui labouraient la terre.

– Tu as déjà chevauché un dragon ? questionna Hastur à voix basse.

– Heu… non, répondit Torok.

– Et bien, c'est le moment où jamais d'essayer !

Sur ces paroles, le Petit Homme jaillit de sa cachette en criant de toutes ses forces pour se donner du courage.

Dans quel combat se sont lancés nos héros ?

Avant de le découvrir, dis vite à quoi ressemble le dieu Dragon, avec « [ses] écailles solides comme une armure », « ses griffes blanches et polies », « ses crocs démesurés » et sa taille gigantesque.

- Un aventurier
- Un prince
- Un cruel guerrier

Écris la réponse qui convient.

C'est ton SEPTIÈME INDICE. Recopie-le sur ta page-indices (p. 95). **→ Lis le n° 2.**

8

Félicitations ! À ton avis, que va-t-il advenir de Torok ? → Pour le découvrir, lis vite le dernier chapitre.

À table

La gueule du dragon approchait dangereusement, prête à vomir la langue de feu qui transformerait Torok en torche humaine.

Brusquement, le reptile eut une sorte de hoquet. Hastur venait de glisser son couteau pointu entre deux écailles, et piquait sa « monture ». Le dragon s'envola en criant sa colère. Il se projeta en arrière contre une paroi, espérant ainsi écraser celui qui égratignait sa peau.

À cet instant précis, Hastur sauta sur l'aile de droite, évitant la mort d'extrême justesse. Le monstre, lui, se fit bien mal au dos.

Torok avait rouvert les yeux. Il ne perdait pas une miette du spectacle. Le dragon prit encore de la hauteur, battant furieusement des ailes.

« Voilà qui est intéressant… », remarqua-t-il.

Le géant était en train d'observer le ventre de leur adversaire. Il y avait aperçu un morceau de chair rosâtre et dénudé, à l'emplacement de ce qui aurait pu être le nombril pour un être humain.

« Parbleu ! Pas d'écailles signifie pas de protection : j'ai trouvé son point faible ou alors, je ne m'appelle plus Torok ! », conclut-il triomphant.

Nos héros vont-il réussir à vaincre le dieu Dragon ?

Pour le savoir, dis quel est le point faible du dragon.

- Sa langue
- Son ventre
- Son dos

Écris ta réponse.

C'est ton HUITIÈME et DERNIER INDICE. Note-le sur ta page-indices (p. 95). Va vérifier si ta réponse est exacte.

➡ LIS LE N° 3.

2

Torok fit sortir les quatre bébés dragons de son sac. Les horripilantes* bestioles piaillaient et se chamaillaient, comme à leur habitude. Hastur, de son côté, examinait les quatre sièges destinés à recevoir les convives** du banquet. Ils étaient tous identiques. Aucun indice ne permettait de savoir comment placer les bébés dragons. La tâche s'annonçait compliquée car chaque petit rep-

* **Horripilant** (adj.) : qui est agaçant, crispant, énervant.
** **Convive** (n. m.) : invité.

tile, conformément à la légende, faisait preuve d'un très mauvais caractère :

– Je ne veux pas être en face du dragon de l'eau ! clamait haut et fort le dragon de feu.

– Je ne veux pas être à la droite du dragon de la terre ! s'énervait le dragon de l'air.

– Je refuse d'être à la gauche du dragon de feu ! disait le dragon de l'eau.

Le seul dragon conciliant, était celui de la terre.

– Mettez-moi où vous voulez, disait-il.

Torok et Hastur décidèrent donc de placer celui-là en premier. Mais ensuite ? La question était délicate, car ils n'avaient droit qu'à une seule proposition…

Comment vont-ils placer les bébés dragons ?

Relis attentivement les phrases soulignées dans le texte.

Pour commencer, Torok et Hastur placent le dragon de la terre (T) car c'est le moins exigeant. Regarde bien où celui-ci est placé sur le dessin ci-après.

Puis dispose les autres dragons autour de la table en suivant les indications du texte. Utilise les initiales A (Air), F (Feu) et E (Eau).

(d : droite g : gauche)

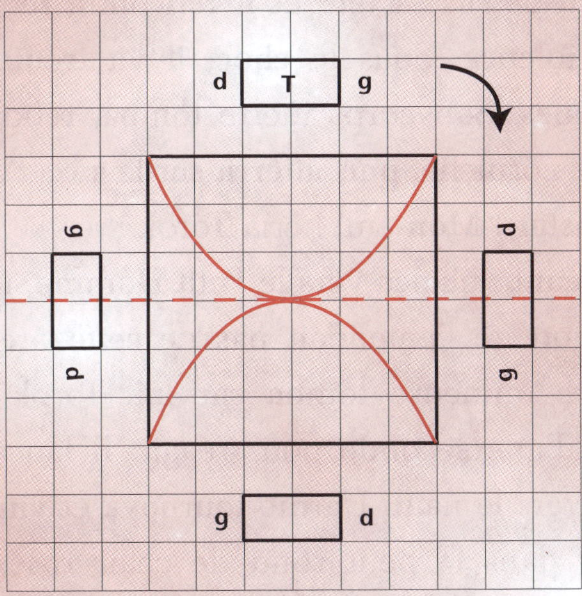

Si tu as placé (en suivant la direction de la flèche) :

A – E – F. ➡ LIS LE N° 6.

Si tu as placé les dragons dans un ordre différent.

➡ LIS LE N° 4.

Quant à Hastur, il continuait de se débattre sur le dos du dragon. Le pauvre n'avait jamais été aussi secoué de sa vie. Il s'accrochait désespérément au monstre, mais les battements de l'aile s'intensifiaient.

– Hhhaaaa ! ! cria-t-il soudain en lâchant prise.

Le Petit Homme eut l'impression d'être propulsé par un élastique géant. Ses pieds passèrent par-dessus sa tête et il rencontra le mur avec violence. Sous le choc, il vit trente-six chandelles. Son corps inerte tomba, rebondit sur une corniche, puis atterrit sur le sol.

– Hastur ! Mon ami ! cria Torok.

Le géant s'élança vers le Petit Homme, mais le dragon ne l'entendait pas de cette oreille. L'ombre immense tomba sur lui. Torok eut moins d'une seconde pour réagir. Il lança sa hache vers le haut. L'arme tournoya et vint se planter dans le petit rond de chair rose, au milieu de la forêt d'écailles. Le monstre hurla, et ce hurlement se répercuta sur les parois de la grotte pour remonter jusqu'à la surface. Une pluie de sang noir aspergea Torok. Le reptile était blessé à mort. Il s'envola vers le ciel et disparut très loin, derrière les nuages…

Torok s'approcha de son ami évanoui. Il prit la tête du blessé entre ses énormes mains.

– Est-ce que ça va ? Je t'en prie, dis-moi quelque chose !

Hastur battit des paupières, ouvrit un œil, puis l'autre.

– Dieu soit loué, tu es vivant ! s'écria Torok, ému aux larmes.

– J'en ai bien l'impression, souffla Hastur.

– Tu n'as rien de cassé, au moins ?

Le Petit Homme se releva, passa en revue ses articulations.

– Non, c'est vraiment incroyable ! Il semblerait que tout soit encore en place. On peut dire que j'ai vraiment eu de la chance…

Il regarda autour de lui, surpris, car il manquait quelque chose dans la salle. Quelque chose d'énorme.

– Où est passé notre copain à écailles ? questionna-t-il, étonné, en cherchant des yeux le monstre qui restait introuvable.

– Je lui ai réglé son compte, déclara le barbu

avec une satisfaction évidente. Il est sûrement parti pour le cimetière des dragons volants. Là-haut, quelque part dans les montagnes…

– Parfait. Ne perdons plus de temps ! Passons maintenant aux choses sérieuses !

– On va manger ?

– Dès qu'on aura trouvé le trésor. Je te le promets ! En attendant, nous allons asseoir à table nos quatre « *prisonniers sans mémoire* » !

Comment vont se comporter les quatre « prisonniers sans mémoire » ?

Avant de le découvrir, lis les phrases soulignées dans le texte.

Parmi ces phrases, combien relèves-tu de…

phrases interrogatives :

phrases déclaratives :

phrases exclamatives :

Si tu as répondu : 2 – 3 – 4 ou autre chose.

➡ LIS LE N° 5.

Si tu as répondu : 4 – 2 – 3 ➡ LIS LE N° 2.

mémo 1

4

Ce n'est pas le bon ordre. Fais attention aux lettres qui t'indiquent où sont la droite et la gauche sur le dessin. Pour t'aider tu peux tourner la feuille dans la direction de la flèche. → Refais l'exercice du n° 2.

5

As-tu suffisamment été attentif à la ponctuation ? → *Refais l'exercice du n° 3.*

6

Hastur installa le dragon de l'air à la gauche de celui de la terre, le dragon de l'eau à la gauche de celui de l'air et enfin, le dragon du feu à la gauche de celui de l'eau.

– Je crois qu'on a tout bon, dit Torok en se frottant les mains.

Le Petit Homme refroidit son enthousiasme :

– Attends encore un peu, la phrase exacte disait : « *Trouvera le trésor, celui qui réunira au banquet du dieu Dragon les quatre prisonniers sans mémoire et prononcera la formule magique.* » Il ne nous reste plus qu'à prononcer « *la formule magique* » !

– Mais, au fait, c'est quoi, cette formule ?

Hastur haussa les épaules et dit :

– On pourrait reposer la question à notre prisonnier ?

Mais l'homme-lézard avait disparu pendant le combat avec le dragon.

– Bon, ronchonna Hastur. On va devoir se débrouiller tout seuls.

Il essaya de proférer toutes les formules magiques qu'il connaissait : « Abracadabra ! », « Sésame, ouvre-toi ! », « Par le pouvoir du Graal ancestral ! », « Que la Force soit avec toi ! » Rien ne se produisait…

– On n'y arrivera jamais, gémit Torok.

Le poing refermé, l'index replié contre son menton, Hastur réfléchissait tout haut :

– La formule magique… La formule magique…

Miracle ! Deux pans de murs commencèrent alors à s'écarter pour révéler un tunnel souterrain. Le regard du petit homme s'illumina. Il se frappa le front de la main en s'exclamant :

– Comment n'y avais-je pas pensé plus tôt ! Il fallait tout simplement prononcer ces trois mots : « *la formule magique* », pour déclencher l'ouverture du passage secret !

– C'était tellement évident que je n'y aurais jamais songé, reconnut Torok.

On pouvait déjà distinguer une montagne d'or et de bijoux qui brillaient au fond du passage secret…

– Nous sommes riches ! s'écria Hastur. Nous sommes riches !

Il se tourna alors vers son complice.

Torok, le géant, ne l'écoutait même pas : il s'était attablé avec les bébés dragons et tous les cinq dévoraient le festin à belles dents !

« *L'appétit a ses raisons que la raison ne connaît pas* », songea Hastur, en riant.

Le banquet était ouvert, les quatre prisonniers sans mémoire invités, la formule magique prononcée : la mission était accomplie… jusqu'à la prochaine fois !

FIN

Bravo ! Puisque tu es allé(e) jusqu'au bout de cette histoire et de ses exercices, nous te proposons de nous envoyer, sur le site www.lenigme.com, la liste des indices que tu as écrits page 95 et tu pourras télécharger des surprises !

À bientôt pour une nouvelle aventure !

table des matières

Un mémo pour t'aider à faire tes exercices

mémo

Grammaire

La phrase

1 Les différents types de phrases

– La **phrase déclarative** commence par une majuscule et finit par un point. Elle est employée pour exprimer un avis, raconter un fait.
Hastur est un petit homme.

– La **phrase interrogative** est utilisée pour poser une question. Elle se termine par un point d'interrogation. On peut placer le verbe avant le sujet (inversion du sujet).
Le prisonnier va-t-il s'échapper avec le sac ?
On peut aussi placer le verbe après le sujet et mettre un point d'interrogation à la fin de la phrase.
Tu n'as rien de cassé ?

– La **phrase exclamative** indique un sentiment vif. Elle se termine par un point d'exclamation.
Je ne veux pas être en face du dragon de l'eau !
On peut aussi utiliser un mot en début de phrase pour exprimer ce qu'on éprouve (joie, étonnement, admiration, etc.).
Comme Torok est courageux !
Qu'il est grand !

– La **phrase impérative** est employée pour adresser un ordre ou un conseil. Lorsqu'il s'agit d'un ordre, la phrase se termine par un point d'exclamation. Il n'y a pas de sujet dans une phrase impérative.
Attends un peu.
Allons-y !

Le groupe nominal

2 Le groupe nominal (GN) peut être formé :

– d'un nom
Hastur
– d'un déterminant + nom
le labyrinthe

– d'un déterminant + adjectif qualificatif + nom
le petit homme

Le groupe nominal sujet (GNS) désigne l'être vivant ou l'objet dont on parle pour dire ce qu'il fait ou ce qu'il est.

3 La nature des noms

Les noms servent à désigner ce dont on parle.

– Les **noms propres** débutent par une majuscule.
Torok
Hastur

– Les **noms communs** commencent par une lettre minuscule et sont souvent précédés par un déterminant.
Le dragon

4 Le genre et le nombre des noms

– Le **genre des noms**
Un **nom masculin** est un nom qui peut être précédé des déterminants tels que : *un, le, ce, mon, etc.*
Un dragon
Un **nom féminin** est un nom qui peut être précédé des déterminants tels que : *une, la, cette, ma, etc.*
Une grotte

– Le **nombre des noms**
Un nom est au **singulier** s'il désigne quelque chose ou quelqu'un d'unique.
Un œuf
Un nom est au **pluriel** si l'on parle de plusieurs êtres vivants ou de plusieurs objets.
Des œufs
Pour remplacer un nom ou un groupe nominal, on peut employer un pronom personnel tel que :
elle, il, elles, ils, etc. (sujets)
le, la, les, l', eux, etc. (compléments)

5 Les principaux déterminants

Il y a différentes catégories de déterminants.

– Les **articles**

	SINGULIER		PLURIEL
	MASCULIN	FÉMININ	
Indéfinis	un	une	des
Définis	le l'	la l'	des

– Les **adjectifs**

Les **adjectifs démonstratifs** désignent précisément ce dont on parle.

Torok dépensait tout cet argent.

Les **adjectifs possessifs** indiquent à qui appartient ce dont on parle.

Mon petit doigt me dit…

ADJECTIFS DÉMONSTRATIFS	ADJECTIFS POSSESSIFS
ce cet	mon ton son notre votre leur
cette	ma ta sa notre votre, leur
ces	mes tes ses nos vos leurs

Les **adjectifs qualificatifs** apportent des précisions sur les objets ou les êtres vivants dont on parle. Ils peuvent être placés avant ou après le nom.

Un plafond humide.

Un beau temple.

Les adjectifs qualificatifs s'accordent en genre et en nombre avec les noms qu'ils accompagnent.

Le groupe verbal

6 Les verbes permettent d'exprimer des actions ou d'indiquer des états.

Le géant écarte un rideau de lianes.
Le prisonnier paraît inquiet.
Les verbes s'accordent toujours avec le sujet.
Torok pénètre dans la grotte.
(le verbe est à la 3e personne du singulier)
Torok et Hastur pénètrent dans la grotte.
(le verbe est à la 3e personne du pluriel)

7 Le verbe peut être complété par un mot ou un groupe de mots.

– Le **complément d'objet direct** (COD) est le plus souvent placé après le verbe.
Il peut être remplacé par *le, la, l'*.
Il fendit la porte du temple → Il la fendit.

– **D'autres compléments** (compléments circonstanciels) répondent aux questions *Où ? Comment ? Quand ?*
Ils pénétrèrent (→ où ? →) dans un grand hall.

Conjugaison

8 Les verbes sont classés en trois groupes :
- **1er groupe** : les verbes se terminent par « **er** » à l'infinitif.
entrer
- **2e groupe** : les verbes se terminent par « **ir** » à l'infinitif et se terminent par « **issons** » à la deuxième personne du pluriel.
franchir nous franchissons
- **3e groupe** : tous les autres verbes.
Mais, attention, le verbe *aller* est un verbe du 3e groupe.

• **Le temps des verbes indique le moment où se situe l'action.** La terminaison des verbes permet de reconnaître quand l'action se déroule.

– Le **présent de l'indicatif** montre que l'action se déroule au moment où l'on parle.
Il combat.

– Le **futur de l'indicatif** indique que l'action n'a pas encore eu lieu.
Il combattra.

– Le **passé** précise que l'action s'est produite avant le moment où l'on en parle : le **passé composé** indique que l'action passée est entièrement terminée. Il est formé par un auxiliaire (*être* ou *avoir*) conjugué au présent de l'indicatif, et par le participe passé du verbe conjugué.
Hastur et Torok ont gagné un trésor.
Hastur et Torok sont entrés dans le temple.

Vocabulaire

DÉFINITION ET SENS DES MOTS

9 Le dictionnaire sert à comprendre le sens des mots à travers des **définitions**. Un mot peut avoir plusieurs sens, être remplacé par un autre mot de sens voisin : **synonyme**.

affreux – laid

À certains mots, correspondent des mots de sens contraire : **antonymes**.

grand/petit

• Les **familles de mots**. Il s'agit de l'ensemble des mots qui ont une même origine. Ces mots ont un même radical et expriment une même idée générale.

NUMÉRATION

10 Les nombres jusqu'à 9 999

Il faut être très attentif à la position des chiffres dans un nombre.

CLASSE DES MILLE			CLASSE DES UNITÉS		
centaines	dizaines	unités	centaines	dizaines	unités
		3	2	8	6

Lorsqu'on écrit un nombre de quatre chiffres, il faut laisser un espace entre le chiffre des unités de mille et le chiffre des centaines : *3 286*

On peut aussi écrire un nombre en lettres :

Trois mille deux cent quatre-vingt six

Il est aussi possible de décomposer un nombre :

(3 × 1000) + (2 × 100) + (8 × 10) + 6

3 000 + 200 + 80 + 6

soit : 3 286

11 Ranger les nombres

Pour ranger les nombres, on peut utiliser quatre signes :

= ≠ > <

240 + 150 = 390

390 ≠ 300 + 24

3 286 > 1 458

1 423 < 1 458

– On peut ranger les nombres dans l'ordre croissant :

26 < 89 < 647 < 942 < 1 423 < 1 458 < 3 286

On peut aussi ranger les nombres sur une droite numérique :

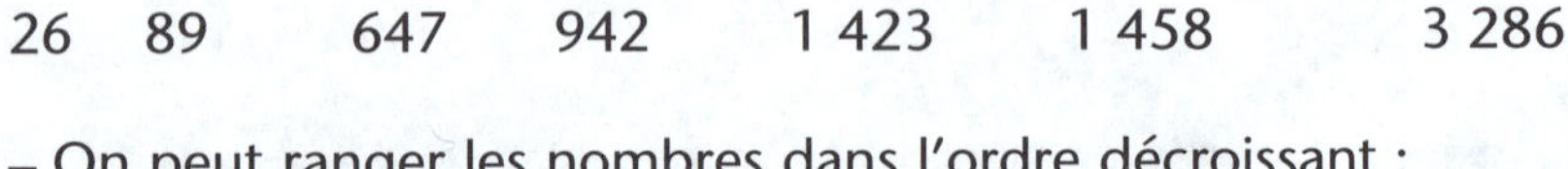

– On peut ranger les nombres dans l'ordre décroissant :

3 286 > 1 458 > 1 423 > 942 > 647 > 89 > 26

12 L'addition

Effectuer une addition, c'est calculer la somme de deux ou plusieurs nombres.

	m	c	d	u
		②	①	
	3	1	8	2
+	2	5	6	4
+			8	6
	5	8	3	2

13 La soustraction avec retenue

Effectuer une soustraction, c'est calculer la différence entre deux ou plusieurs nombres ou encore, calculer ce qui manque.

2 821	2 821	2 821	2 821
– 437	– 437	– 437	– 437
①	①~~①~~	~~①①~~	~~①①~~
4	84	384	2 384
	3 + 1 = 4	4 + 1 = 5	
7 à retirer de 11 = 4	4 à retirer de 12 = 8	5 à retirer de 8 = 3	0 à retirer de 2 = 2
je pose 4	je pose 8	je pose 3	
je retiens 1	je retiens 1		

14 La multiplication

Multiplier, c'est calculer le produit.

– **Pour multiplier un nombre par 10, 100, 1 000**, on peut le calculer de tête.

Multiplier un nombre par 10 revient à obtenir des dizaines.
Multiplier un nombre par 100 revient à obtenir des centaines.
Multiplier un nombre par 1 000 revient à obtenir des mille.

MILLE	CENTAINES	DIZAINES	UNITÉS
		6	0
	4	0	0
7	0	0	0

$6 \times 10 = 60$ $4 \times 100 = 400$ $7 \times 1\,000 = 7\,000$

– **Poser et effectuer une multiplication**

```
  574②          574②̸          574②̸
×   6        ×    6④       ×    6④̸
    4            44          3 444
```

6 × 4 = 24
je pose 4
je retiens 2

6 × 7 = 42
42 + 2 = 44
je pose 4
je retiens 4

6 × 5 = 30
30 + 4 = 34
je pose 34

Résolution de problèmes

15 Pour résoudre un problème, il faut :

1. Repérer les questions et les comprendre.
2. Identifier les informations permettant de résoudre le problème.
3. Si la réponse nécessite d'effectuer une opération, choisir l'opération qui convient.
4. Vérifier si le résultat obtenu est vraisemblable.
5. Si on a effectué une opération, il faut aussi la recompter.

Mesures

16 Les unités de longueurs

kilomètre (km)
mètre (m)
décimètre (dm)
centimètre (cm)
millimètre (mm)

m	dm	cm	mm
1	0		
1	0	0	
1	0	0	0
	1	0	
	1	0	0
		1	0

1 km = 1 000 m

17 Les unités de masses

Pour peser, on emploie : – le kilogramme (kg)
– le gramme (g)

1 kg = 1 000 g

18 Heures et durées

On peut lire l'heure sur une horloge à affichage digital et sur une horloge à aiguilles.

11 : 30

On dit aussi
11 h et demi

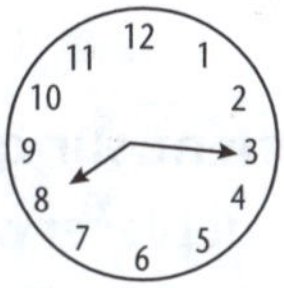

20 : 15

08 : 15

On dit 20 h 15
ou 8 h et quart

12 : 00

On dit midi

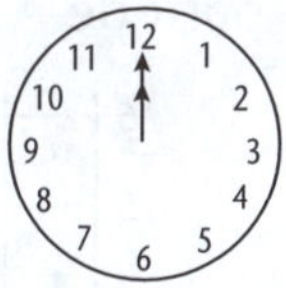

00 : 00

On dit minuit

365 jours ou 366 jours (année bissextile) : 1 année
24 heures : 1 jour

60 minutes (60 min) = 1 heure
60 secondes (60 s) = 1 minute

GÉOMÉTRIE

19 Les figures géométriques

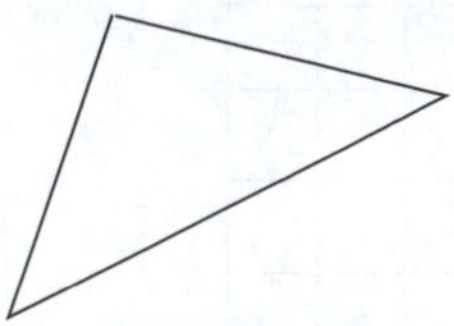

Triangle quelconque
3 côtés
3 sommets

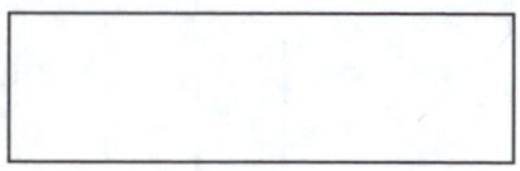

Rectangle
4 côtés
4 sommets

Carré
4 côtés égaux
4 sommets

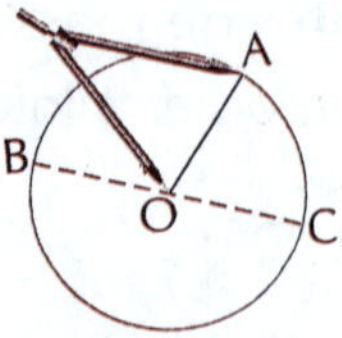

Le cercle est une ligne courbe fermée.
Pour tracer un cercle on utilise un compas.
L'ouverture du compas est égale au rayon (OA). BC : diamètre.

20 Déplacement sur quadrillage

On peut se déplacer sur les lignes d'un quadrillage en faisant des pas de nœud en nœud. La position d'un nœud est indiquée par un couple de nombres.

Par exemple : nœud A (2,3)
nœud B (2,5)

Le chemin parti de A peut être codé ainsi : 2 ↑ ; 3 → ; 1 ↑

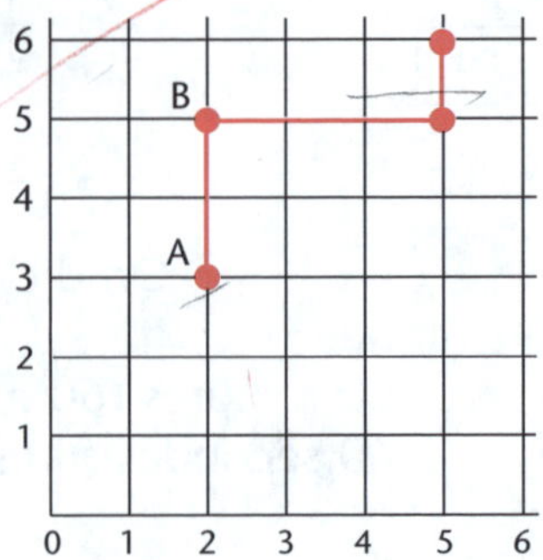

- **Symétrie**

Sur un quadrillage, on peut aussi construire des figures symétriques par rapport à une droite (axe de symétrie).

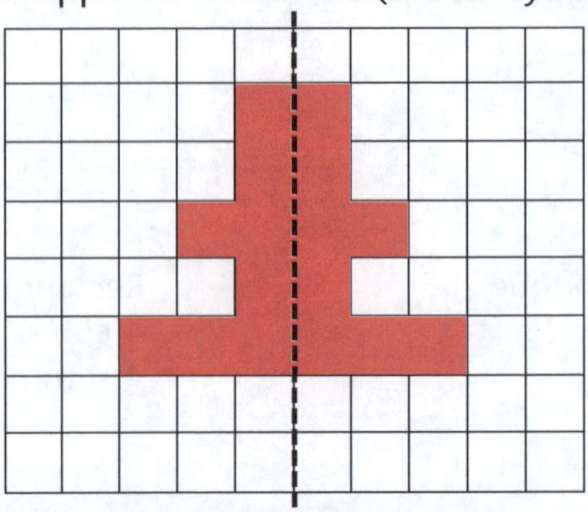

N° Éditeur : 10131511 - Mars 2006 - Imprimé en France par IME

Page-indices

Le labyrinthe des dragons

du CE2 au CM1

Note ci-dessous les indices que tu as trouvés au cours de ta lecture.

Va vite te connecter sur le site

www.lenigme.com

pour nous envoyer tes indices, et tu pourras télécharger plein de

Cadeaux !

Indice 1 : ....

Indice 2 : ....

Indice 3 : ....

Indice 4 : ....

Indice 5 : ....

Indice 6 : ....

Indice 7 : ....

Indice 8 : ....

Bravo ! **Tu as trouvé tous les indices !**
Et pour clore l'aventure, dis de quoi est constitué le trésor ....

Tourne la page !

La collection

L'énigme des vacances

Retrouve-nous sur le site : www.lenigme.com